나를 빛나게 하는 자기소개서 쓰기

나를 빛나게 하는 자기소개서 쓰기

초판 1쇄 발행 2022년 12월 3일

지은이 손정
펴낸이 장길수
펴낸곳 지식과감성#
출판등록 제2012-000081호

교정 정은솔
디자인 정슬기
편집 정슬기
검수 서은영, 이현
마케팅 고은빛, 정연우

주소 서울시 금천구 벚꽃로298 대륭포스트타워6차 1212호
전화 070-4651-3730~4
팩스 070-4325-7006
이메일 ksbookup@naver.com
홈페이지 www.knsbookup.com

ISBN 979-11-392-0776-7(03190)
값 11,500원

- 이 책의 판권은 지은이에게 있습니다.
- 이 책 내용의 전부 또는 일부를 재사용하려면 반드시 지은이의 서면 동의를 받아야 합니다.
- 잘못된 책은 구입하신 곳에서 바꾸어 드립니다.

지식과감성#
홈페이지 바로가기

나를 빛나게 하는 자기소개서 쓰기

손 정 지음

"쓸 말이 없어요"
"글 한 편을 어떻게 써야 할지 모르겠어요"

자기소개서는 세상을 향한 외침이며 자기표현입니다. 세상이 원하는 내용은 무엇인지, 어떻게 표현할 때 내 말에 귀를 기울이는지 안다면 합격의 길이 멀지 않을 것입니다. 이 책이 좋은 길잡이가 되기를 바랍니다.

지식과감정

목차

서문: 방법을 알면 길이 보인다 7

1장 **자기소개서도 한 편의 글이다**
글의 4요소를 지켜라 12

2장 **자기소개서 글의 특징은 따로 있다**
두괄식 구조 18
흥미와 해법을 담은 제목 22

3장 **역량과 경험이 자기소개서의 주제와 소재다**
자기소개서의 주제와 소재: 직무별 27
자기소개서의 주제와 소재: 항목별 31
내 경험에서 소재 찾는 법 35

4장 **내용이 좋아도 읽혀야 선택받는다**
쉽게 읽히는 문장 쓰기 40

5장　　**실전 자기소개서 쓰기**

개요 짜기와 글쓰기 48

6장　　**기업 정보 찾는 법**

홈페이지 55
인터넷 포털 58
증권사 보고서 62

에필로그 64

서문:
방법을 알면 길이 보인다

"쓸 말이 없어요"
"글 한 편을 어떻게 써야 할지 모르겠어요"

자기소개서 작성 강의 시작과 함께 던져 본 질문 '자기소개서 쓸 때 어떤 점이 어려운가요?'에 등장하는 단골 답입니다. 답변의 표현은 여러 방식이지만 의미는 이 두 문장에 수렴됩니다. 두 답변을 보면 자기소개서를 쓰는 사람들의 고민이 무엇인지 드러납니다. 첫째, 무슨 내용을 써야 할지 모른다는 점입니다. 이는 자신에게 의미 있는 경험이 없다는 말이기도 하고 경험이 있더라도 거기서 무슨 내용을 추출해야 할지 모른다는 뜻이기도 합니다. 둘째, 온전히 글쓰기의 문제입니다. 많은 경험을 소재로 가지고 있더라도 말로 하려면 하겠는데 글로 쓰려면 답답한 경우입니다. 어떤 문장으로 시작해야 할지, 글의 중간과 끝은 무엇으로 채워야 할지, 채용 담당자가 막힘없이 잘 읽으려면 어떤 표현이 좋을지가 고민입니다.

채용 담당자가 원하는 소재를 찾고 술술 읽히는 문장 쓰기

앞에서 나온 고민을 해결하려면 두 가지를 갖추어야 합니다. 내가 지원하는 조직이 원하는 인재상은 무엇인지, 내가 일하고자 하는 직무에 필요한 역량이 무엇인지 알고, 가지고 있는 경험과 연결하는 작업이 첫 번째입니다. 'tvN 프로그램, 유퀴즈-대기업 15곳 합격, 취업의 신' 편에 출연한 황인 씨는 자기소개서를 쓰기에 앞서 조직의 인재상을 파악하기 위해 신년사를 읽어 본다고 말했습니다. 신년사에는 급변하는 환경 속에서 현재 기업이 나아가야 할 방향이 잘 나타나 있기 때문입니다. 기업이 사람을 채용할 때는 잠재력을 보기도 하지만 가장 우선하는 점은 지금 당장 성과를 낼 수 있는가입니다. 어떤 사람이 지금 당장 성과를 낼까요? 현재 조직이 처한 환경에 부합하는 역량을 갖춘 사람입니다. 그렇다면 자기소개서에 사용해야 할 소재는 조직이 지금 처한 문제와 그 문제를 해결할 수 있는 나의 경험, 역량이 될 것입니다.

이렇게 채용 담당자가 원하는 소재를 찾았다면 그가 내 글을 읽게 만들어야 합니다. 수북이 쌓인 입사 서류에서 내 자기소개서에 오래 눈길을 머물게 하고 끝까지 읽게 만들려면 어떤 글쓰기 방법이 필요할까요? 호기심을 자극하고 해답을 주는 제목, 핵심을 앞에 담는 두괄식, 다음 문장으로 술술 넘어가는 표현이 그 방법입니다.

자기소개서 작성의 매뉴얼 역할을 할 이 책은 흥미 유발하기와 끝까지 읽게 하기의 해법을 체계적으로 담기 위해 다음의 내용으로 구성했습니다. 1장에서는 자기소개서가 한 편의 효과적인 글이 되기 위해 갖추어야 할 조건에 대해 이야기합니다. 2장에서는 1장의 내용을 바탕으로 자기소개서의 구조와 제목 만들기, 헤드라인 작성법에 대해 다루며 3장에서는 조직이 원하는 역량을 정의하고 내가 살아온 삶에서 소재를 도출하는 법을 전합니다. 4장에서는 잘 읽히는 문장을 쓰는 방법에 대해 알아봅니다. 5장에서는 하나의 자기소개서 항목을 예시로 글 개요표를 짜고 실전 글쓰기를 해 봅니다. 6장은 내가 가고 싶은 기업의 정보를 찾는 방법에 대해 담았습니다.

자기소개서는 세상을 향한 외침이며 자기표현입니다. 세상이 원하는 내용은 무엇인지, 어떻게 표현할 때 내 말에 귀를 기울이는지 안다면 합격의 길이 멀지 않을 것입니다. 이 책이 좋은 길잡이가 되기를 바랍니다.

손정

1장

자기소개서도

한 편의 글이다

글의 4요소를 지켜라

책, 인터넷 기사를 제외하고 사람들이 많이 보는 텍스트 중 하나는 메뉴판일 것입니다. 배달 문화가 급속도로 확산된 최근 들어 사람들은 평일, 주말 할 것 없이 메뉴판을 봅니다. 메뉴판을 보고 음식을 주문하는 과정에서 글쓰기의 원리를 찾을 수 있습니다.

메뉴판을 보는 목적

우리가 메뉴판을 보는 목적은 무엇인가요? 자신의 요구에 알맞은 음식을 주문하기 위해서입니다. 요구란 지금 자신이 먹고 싶은 음식, 합리적인 가격, 포장 가능 여부입니다. 메뉴판에 먹고 싶은 음식 종류가 없거나 가격이 터무니없이 비싸거나 포장이 안 된다면 주문하지 않을 확률이 높습니다. 자기소개서도 마찬가지입니다. 채용 담당자가 자기소개서를 보는 목적은 무엇일까요? 조직에 들어와서 성과를 낼 사람을 채용하기 위해서입니다. 어떤 사람이 성과를 낼까요? 성과란 조직의 성장에 기여하는 것으로, 달성된 목표를 뜻합니다. 현재 조직이 처한 환경과 봉착한 문제를 해결할 능력을 갖춘 사람, 해당 조직이 속한 업의 특성을 이해하고 있는 사람, 지원한 직무

수행에 필요한 역량을 갖춘 사람, 동료들과 협력할 수 있는 사람이 성과를 낼 수 있습니다. 이 네 가지가 바로 채용 담당자가 자기소개서에서 확인하고 싶은 내용이며 글의 주제가 됩니다.

글의 주제는 글쓴이가 글을 쓰는 목적이자 독자에게 들려주고 싶은 핵심 메시지입니다. 자기소개서는 일반적인 글과는 다르게 독자가 듣고 싶은 이야기를 주제로 삼아야 합니다. 기업, 공공기관 등의 채용 담당자는 자신들이 듣고 싶은 이야기를 끄집어내기 적합한 자기소개서 항목을 만들어 냅니다. 가령 H 자동차 회사의 자기소개서 항목이었던 "무엇이 당신을 움직이게 하는지 기술해 주십시오"는 지원자의 가치관을 확인하기 위한 질문입니다. 여기서 중요한 것은 '가치관을 물어보는 질문이니까 내가 소중하게 여기는 가치에 대해 써야지'라고 마음 먹어서는 곤란하다는 점입니다. 내가 하고 싶은 얘기가 아닌 독자가 듣고 싶은 이야기를 주제로 삼아야 합니다. 해당 자동차 회사 업의 특성, 조직 문화, 현재 처해 있는 경영 환경, 내가 지원한 직무 특성을 고려할 때 채용 담당자는 자기소개서에서 어떤 가치를 읽어 내고 싶을까요? 가치가 정해지면 내가 살아온 과정에서 그 가치를 발현했던 경험을 기술하면 됩니다.

채용 담당자가 원하는 내용이 자기소개서의 주제라면 주제를 표현하기 위해 동원하는 경험은 소재라고 합니다. 주제가 정해졌다면 내가 가져올 수 있는 경험의 종류가 무엇인지 찾아봐야 합니다. 신입 지원자라면 대학교 전공 공부 과정, 프로젝트, 공모전, 연수 경험

등이 있으며 경력 지원자, 이직자라면 거기에 이전 회사 직무 경험이 추가됩니다. 그런데 이렇게 경험을 자유 연상으로 찾기보다는 경험 카테고리를 만들고 생각하면 빠짐이 없게 됩니다. 신입 지원자라면 성장 과정, 대학, 대학원 학업 과정, 대외 활동 등을 카테고리로 만들 수 있습니다. 경력자는 여기에 이전 회사 경험을 추가하면 됩니다. 성장 과정은 다시 부모님의 영향, 가족 관계, 친구 관계, 습관, 가치관 등으로 세분화할 수 있습니다. 대학, 대학원 학업 과정은 전공 공부, 논문, 연구 활동, 졸업 작품, 동아리, 학생회, 조별 활동, MT, 체육 대회 등으로 소재를 세분화하면 됩니다. 대외 활동은 아르바이트, 공모전, 어학연수, 유학 경험, 교환 학생, 인턴, 자격증 취득 과정, 봉사 활동 등이 소재가 될 것입니다. 만약 이렇게 다양한 경험이 없다면 지금부터 만들 계획을 세워야 합니다. 취업은 이번에 안 되더라도 6개월 뒤, 1년 뒤에도 계속 시도해야 하기 때문입니다.

주문하고 싶은 메뉴판의 특징

음식점의 메뉴판이 모두 똑같은 형식과 내용을 담고 있지는 않습니다. 같은 짜장면 집이라도 어떤 집은 메뉴 종류와 가격, 전화번호만 있고 어떤 집은 짜장면 사진을 넣어 놓기도 하고 거기서 한발 더 나아간 곳은 조리 방법, 사용한 재료, 맛있게 먹는 방법까지 있습니다. 또 어떤 곳은 메뉴를 있는 그대로 늘어놓기보다 대표 메뉴는 더 크게 잘 보이도록 해 놓습니다. 어느 메뉴판의 가게에 주문하게 되던가요? 당연히 더 많은 정보를 눈에 띄게 담아 놓은 곳일 것입니다. 글도 마찬가지입니다. 아무리 의미 있는 주제를 독특하고 풍부한 소재로 담아내도 읽히지 않는 글, 읽고 싶지 않은 글이라면 독자의 마음속에 들어갈 수 없습니다. 어떤 글이 읽힐까요? 호기심을 끄는 제목, 소재를 묶어 단락으로 만든 다음 논리적인 흐름으로 묶어 놓은 구조, 지루하지 않은 문장일 때 읽기 시작하고 계속 읽게 됩니다. 이것이 일반적인 글의 구조와 표현 특징이라면 자기소개서 글은 좀 더 제한적인 조건을 갖추어야 합니다. 먼저, 제목은 단순히 호기심만 끌어서는 안 되며 해답까지 제시해야 합니다. 채용 담당자가 본격적인 채용 과정에서 읽어야 할 자기소개서는 하루에 수십 개가 넘습니다. 애매한 문장으로 호기심만 자극해도 읽을 정도로 한가하거나 인내심이 강할 수 없습니다. '동아리 회장으로 리더십을 발휘하다'와 같은 제목은 '그래서 어떤 리더십이라는 거지?', '어떤 방법으로 리더십을 발휘했다는 것이지?'라는 새로운 궁금증을 낳습니다. 여기서 한 가지 착각하지 말아야 할 점은 '제목으로 호기심을 끌었으니 궁금해서라도 읽어 보겠지'라는 생각을 해서는 안 된다는 것입니다. 앞에서도 말했듯, 한가하지 않은 채용 담당자는 빠르게 정답을 알고 싶어 합니다. 제목으로 호기심만 끌기보다 답을 알려 주어야 합니다. '동아리 회장으로 전국 대회 우승을 이뤄 낸 리더십'과 같이 결과도 한꺼번에 보여 주는 제목이 좋습니다.

글의 구조 역시 마찬가지입니다. 기-승-전-결, 발단-전개-절정-결말과 같이 문학 작품처럼 미괄식으로 써서는 곤란합니다. 반드시 결론을 첫 단락에 제시하는 두괄식이어야 합니다. 단락 수도 너무 많기보다 두세 단락이 적당합니다. 단락 앞에는 중간 헤드라인으로 소제목도 넣어 주어야 합니다. 가을밤 내내 짝을 만나기 위해 귀뚜라미가 열심히 날개를 비비며 '나 여기 있어요'를 외치듯 자기소개서 역시 숨은그림찾기 하듯 핵심을 숨기고 호기심을 자극하기보다 바로바로 독자가 원하는 답을 내놓고, 눈에 띄고 귀에 들리기 위한 장치를 해 두어야 합니다. 수식이 많은 긴 문장보다 간결한 문장을 사용함으로써 다음 문장으로 긴 호흡 없이 넘어가게 해야 합니다. 이것이 글의 구조이자 표현입니다.

 글쓴이가 하고 싶은 말 또는 독자가 듣고 싶은 말은 주제라고 합니다. 주제를 구현하기 위한 재료들은 소재라고 합니다. 소재의 묶음은 구조, 문장을 쓰는 방식은 표현입니다. 이 네 가지를 글의 4요소라 부릅니다. 자기소개서도 한 편의 글입니다. 글의 4요소가 분명해야 선택받는 글이 됩니다. 그렇다면 자기소개서만의 4요소를 어떻게 실전 글쓰기에 적용할지 알아봅니다.

2장   자기소개서 글의 특징은 따로 있다

두괄식 구조

모든 글이 쓰이는 목적은 같습니다. 독자에게 글쓴이의 핵심 메시지를 전하기 위함입니다. 여기서 중요한 건 목적은 같더라도 글의 성격에 따라 수단은 달라져야 한다는 점입니다. 소설, 수필과 같은 문학 작품은 결론을 앞에 두어 긴장감을 없애기보다 주제와 관련 없는 듯 무심하게 도입하여 사건을 확장하고 반전을 주는 기-승-전-결 구조가 효과적입니다. 만약 자기소개서를 이렇게 쓴다면 독자인 채용 담당자는 어떤 반응을 보일까요? 당장 읽어야 할 자기소개서가 수십, 수백 개인데 '그래서, 이 지원자가 가진 핵심 역량과 경험이 뭐라는 거지?' 하며 답답해하지 않을까요? 이 답답함의 결과는 인내를 가지고 끝까지 읽게 만들기보다 읽기를 포기하고 다음 지원자로 빠르게 넘어가는 원인을 제공하고 말 것입니다.

자기소개서 글 구조는 두괄식, 3단 구조

빠르게 지원자의 핵심 역량을 파악하고자 하는 채용 담당자를 위해 자기소개서는 핵심 메시지를 글 첫머리에 두는 두괄식이어야 합니다. 더 나아가 본문을 읽기에 앞서 핵심을 파악할 수 있도록 전체 제목, 단락 제목을 사용하면 더욱 효과적입니다.

-자기소개서 글의 한 페이지 구성-

[전체 제목]

결론 - 역량과 경험을 압축한 핵심 메시지

[단락을 요약한 소제목]

근거 - 경험 상세 서술

[단락을 요약한 소제목]

제안 - 역량으로 조직에 기여할 점

제목과 두괄식 3단 구조를 적용한 사례

-자기소개서 항목: 성공 경험, 성과 창출 경험 쓰기

인턴으로 대표께 홍보 전략을 제안하여 신규 고객을 유치하다

○○년 기업 교육 회사에서 인턴으로 근무하며 고객 홍보 방식으로 월간 뉴스레터를 제안하여 석 달간 신규 고객 다섯 곳을 유치하고 매출액 800만 원을 창출하였습니다.

뉴스레터와 홍보 자료 함께 보내기
대학교 4학년이었던 ○○년 기업 교육 회사에서 교육 운영, 홍보 업무를 맡아 인턴으로 3개월간 근무하였습니다. 기존의 홍보 방식은 전월 교육 실적, 만족도 조사 결과, 강의 과목을 정리한 전자 문서를 고객들에게 단체 메일 발송하는 것이었습니다. 인턴으로 한 달간 근무해 본 결과 이 방식으로는 신규 고객을 유치하는 실적도 낮고 우리가 보낸 메일을 읽어 보는 확률도 낮다는 점을 발견하였습니다. 여기에서 착안하여 고객은 자신에게 도움이 되는 내용이 있을 때 메일을 열어 본다는 점에 주목하고 기존 홍보 문서와 더불어 한 달간 국내외 기업 이슈, 문제 해결 방식을 정리한 뉴스레터를 신규로 만들어 발송할 것을 제안하였습니다. 대표께서 흔쾌히 허락해 주셨고 시행 결과 메일 수신 확인율이 5%에서 20%로 증가하였고 신규 고객 다섯 곳, 교육 매출액 800만 원을 창출할 수 있었습니다.

적극적인 문제 해결로 성과를 창출하는 신입 사원 ○○○
인턴으로 성과를 창출할 수 있었던 비결은 적극적인 문제 해결 의지와 해법 도출 능력이었습니다.

이와 같은 역량을 바탕으로 ○○기업 교육팀에 입사하여 문제의식을 가지고 목표를 설정하고 실행하여, 성과를 창출하는 신입 사원 ○○○가 되겠습니다.

[사례로 제시한 자기소개서의 특징]

-제목 : 본문을 읽어 보지 않고 제목만 보더라도 역량과 성과를 파악할 수 있음.
-두괄식 : 첫 단락에 전체 내용을 포함하는 메시지를 제시하였음.
-중간 소제목 : 각 단락마다 헤드라인 형식의 소제목을 추가하여 가독성을 높임.
-구체적인 역량과 경험 제시 : 채용 담당자가 자기소개서를 통해 알고 싶어 하는 두 가지 내용인 보유 역량과 역량 발휘 근거를 구체적인 경험을 통해 밝힘.
-마지막 단락에 기여할 내용 표시 : 본인이 보유한 역량으로 입사 후 조직에서 어떻게 기여할지 씀으로써 자신이 채용되어야 할 이유를 피력함.

흥미와 해법을 담은 제목

기획서 작성에서 강조하는 항목 중에 하나가 '상사가 제목만 보고도 기획의 목적과 해법을 알게 하라'입니다. 상사는 바쁘고 의사 결정 내려야 할 문제가 많기 때문입니다. 채용 담당자 역시 상사만큼이나 시간이 촉박합니다. 정해진 채용 일정을 맞추기 위해 한정된 시간 안에 수북한 자기소개서를 읽고 면접 대상자를 가려내야 합니다. 가려내는 기준은 조직이 원하는 역량을 갖추었는지, 그 역량을 어떤 경험을 통해 발휘했는지입니다. 이러한 내용을 채용 담당자가 본문을 읽고 스스로 해독해 내게 해서는 안 됩니다. 제목만 보고도 알 수 있게 해야 합니다. 따라서 제목은 핵심 역량과 경험을 압축하여 담아내야 합니다.

잘 만든 제목 사례

"테니스 동아리 회장으로 지역 대회 4강을 달성한 리더십"

자기소개서 항목 중 학창 시절 성공 경험 또는 리더십을 발휘한 경험에 사용할 수 있는 제목입니다. 리더십이라는 역량과 역량을 발휘한 경험을 테니스 대회라는 구체적인 근거로 표현했습니다. 역량과 경험이 한꺼번에 잘 담겨 있습니다.

"○○기업 핵심 고객 유지를 위한 빅데이터 마케팅 전략 제안"

지원 회사의 문제 해결, 입사 후 포부 등에 사용할 수 있는 제목입니다. 핵심 고객 유지 문제를 해결하기 위해 빅데이터 마케팅이라는 전략을 제시했습니다. 제목에 두 가지 내용을 동시에 담았습니다. 만약 '○○기업 핵심 고객 유지를 위한 전략 제안'이라고 했다면 본문을 읽어야만 전략의 구체적인 방법을 알 수 있을 것입니다. 이처럼 제목은 역량+경험, 문제+해법, 결론+근거와 같이 두 가지 메시지를 담는 것이 효과적입니다.

잘못 만든 제목 사례

"동아리 회장으로 구성원의 협력을 이끌어 낸 비결은?"

리더십이라는 역량은 담겨 있지만 경험은 메시지로 담지 않고 의문문을 통해 호기심만 자극하고 말았습니다. 자기소개서의 제목은 호기심 유발이 아닌 의문 해소, 정답 제시의 역할을 해야 합니다.

"돌다리도 두드려 보고 건넌다"

속담을 이용해서 자신이 신중한 성격, 꼼꼼함을 갖추었음을 보여주려 했습니다. 이 제목의 문제점은 역량은 제시되었지만 어떤 이유로 신중한 성격인지를 알기 위해서는 본문을 읽어 봐야 한다는 것입니다. 또한 속담, 명언의 사용은 자칫 식상함을 줄 수도 있습니다.

[자기소개서 제목 만드는 법 요약]

1. 제목만 보고도 본문의 내용이 무엇인지 알게 작성한다.
   역량+경험, 문제+해법, 결론+근거와 같이 두 가지 메시지를 담는다.

2. 호기심만 자극하고, 호기심을 해소하기 위해서는 본문을 읽어야만 하는 형태는 피한다.

3. 식상한 속담, 명언, 책 인용은 하지 않는다. 다른 사람과 차별화되지 않고 본문의 핵심을 구체적으로 표현하기 어렵다.

3장 역량과 경험이 자기소개서의 주제와 소재다

글의 주제는 작가가 독자에게 하고 싶은 말, 글을 쓴 이유, 전하고 싶은 메시지입니다. 일반적인 글에서는 내가 독자에게 들려주고 싶은 이야기가 주제가 된다면 자기소개서는 반대입니다. 독자가 듣고 싶은 메시지가 주제가 되어야 합니다. 독자인 채용 담당자는 자기소개서에서 무엇을 읽어 내고 싶을까요? 지원자가 조직에 들어와서 성과를 낼 수 있는 역량을 가지고 있는지가 알고 싶습니다. 따라서 자기소개서의 주제는 지원 조직과 직무가 요구하는 역량이어야 합니다. 역량은 어떻게 증명해 보일 수가 있을까요? 성장 과정, 학창 시절, 대외 활동 경험에서 해당 역량을 발현한 내용으로 가능합니다. 따라서 조직과 직무가 원하는 역량을 드러내기 위한 소재 즉, 경험을 사용해야 합니다. 그러기 위해서는 조직과 직무는 어떤 역량을 원하는지 정의하고 있어야 하며, 내가 가진 경험에서 글 쓸거리를 도출해 낼 줄 알아야 합니다.

자기소개서의 주제와 소재: 직무별

인사팀

주제 : 요구 역량	**주요 업무** : 채용, 교육, 평가, 보상, 노사관리, 직원 정보 관리 **업무별 요구 역량** 커뮤니케이션 능력 : 노사관리, 평가, 보상 노동법 지식 : 채용, 노사관리 기획력 : 교육 설계 성실성, 세심함 : 채용, 교육 운영, 평가, 직원 정보 관리
소재 : 경험 서술	아르바이트 : 선임자로서 아르바이트생 채용 경험 인턴 : 교육 회사 인턴으로 교육을 설계하고 운영했던 경험 동아리 : 동아리 총무로서 예산 관리에 꼼꼼함을 발휘했던 경험 독서, 시사 : 노사 문제에 대한 해결 사례, 인간에 대한 자기 철학

재무회계팀

주제 : 요구 역량	주요 업무 : 자금 조달, 예산 수립, 결산, 자금 운용 감독, 세무 조정
	업무별 요구 역량 재무회계 지식 : 결산, 세무 조정 정직성 : 자금 운용 감독 분석력 : 결산, 세무 조정 기획력 : 자금 조달, 예산 수립
소재 : 경험 서술	인턴 : 인턴으로 회계 감사에 대응했던 경험 전문성 : 재무회계 관련 자격증과 취득 과정 학업 과정 : 재무 과목 과제 수행 - 재무제표 분석, 증권사 보고서 분석 아르바이트 : 매니저로서 사장님의 신뢰로 매출, 비용을 관리했던 경험

마케팅팀

주제 : 요구 역량	주요 업무 : 시장 조사, 영업 기획, 마케팅 전략 수립, 실행, 홍보
	업무별 요구 역량 기획력 : 영업 기획, 마케팅 전략 수립 분석력 : 시장 조사, 고객 니즈 분석 글쓰기 : SNS 마케팅, 보도 자료 작성, 전략 기획서 작성 커뮤니케이션 능력 : 홍보, 고객 관계 관리
소재 : 경험 서술	학업 과정 : 마케팅 관련 팀 프로젝트 수행, PT 경험 동아리, 학회, 공모전 : 마케팅 스터디를 통해 분석, 기획했던 경험 아르바이트 : 창의적 아이디어로 판매 증가에 기여했던 경험 어학 연수, 외국 경험 : 해외 영업에 필요한 어학 능력이 있음을 서술

기획팀

주제 : 요구 역량	**주요 업무** : 경영 성과 분석, 중·장기 전략 수립, 사업 계획, 조직 설계 **업무별 요구 역량** 문제 해결력 : 중·장기 전략 수립, 조직 설계 정보 수집, 분석력 : 외부 환경 정보 수집, 영향도 분석, 경영 성과 분석 커뮤니케이션 능력 : 현업 부서와 소통, 조직 전략 전달 재무회계 지식 : 경영 성과 분석, 재무 상태 변동에 대한 이해
소재 : 경험 서술	동아리, 공모전 : 대회에 참가하기 위해 기획했던 경험 학업 과정 : 기업 분석 과제, 교내 모의 주식 투자 대회 참가 경험 전문 지식, 시사 : 기업 전략 관련 독서, 시사 사건에서 얻은 전략 지식 인턴 : 기획 업무 인턴 당시 성공, 실패를 통해 배운 점

영업팀

주제 : 요구 역량	**주요 업무** : 신규 고객 창출, 납품 관리, 클레임 대응 **업무별 요구 역량** 성실성 : 기존 고객 관리, 납품 대응 커뮤니케이션 능력 : 클레임 대응, 고객 관계 관리, 신규 고객 대응 적극성 : 신규 고객 발굴 외국어, 무역 지식 : 해외 영업 시 필요한 기초 역량
소재 : 경험 서술	아르바이트 : 성실성, 친절로 사장님께 인정받고, 적극성으로 신규 고객을 창출하고, 단골 고객을 유지한 경험 인턴, 아르바이트 : 고객 대응하면서 클레임 처리했던 경험 국내외 봉사 활동 : 낯선 환경에 잘 적응하며 사람을 만나는 일이 적성에 맞음을 피력

생산팀

주제 : 요구 역량	주요 업무 : 생산 계획, 공정 관리, 현장 개선, 감사 대응, 설비 관리 업무별 요구 역량 문제 해결력 : 현장 개선, 설비 관리 커뮤니케이션 능력 : 자재구매팀, 협력사, 현장, 지원 부서 간의 소통 성실성 : 평소 꾸준한 문서 관리, 감사 준비 분석력 : 가동률 분석, 현장 문제점 분석
소재 : 경험 서술	학업 과정 : 산업 공학, 경영 과학 관련 전공 지식에 대한 서술 아르바이트, 동아리 : 이력 관리가 필요한 문서를 관리한 경험 인턴 : 타 부서와 협업, 커뮤니케이션이 필요한 업무를 한 경험 팀 프로젝트 : 프로젝트를 기획하고 완료까지 이끌었던 경험

품질팀

주제 : 요구 역량	주요 업무 : 불량 분석, 품질 매뉴얼 관리, 클레임 대책 수립, 품질 개선 업무별 요구 역량 분석력 : 불량 분석 문서 작성 능력 : 품질 개선 대책서 작성 문제 해결력 : 클레임 대책 수립 커뮤니케이션 능력 : 고객사 품질 문제, 감사 대응, 생산 팀과 업무 협의
소재 : 경험 서술	학업 과정 : 품질 관련 자격증 취득 현황과 취득 과정 대외 활동, 공모전 : 6시그마 등 품질 관련 대외 참가 경험 아르바이트 : 품질 매뉴얼 준수 경험 독서, 시사 지식 : 품질 관련 뉴스를 통해 품질의 중요성 부각

자기소개서의 주제와 소재: 항목별

자기소개서 작성 항목에서 가장 빈번하게 등장하는 문항은 다음과 같습니다.

지원하게 된 동기를 쓰시오.
입사 후 이루고 싶은 목표를 쓰시오.
도전적인 목표를 달성해 본 경험을 쓰시오.
창의적인 아이디어로 문제를 해결해 본 경험을 쓰시오.
타인과의 협업으로 성과를 달성한 경험을 쓰시오.
본인의 직무를 선택한 이유를 쓰시오.
성장 과정에서 기억에 남는 경험을 쓰시오.
우리 조직의 핵심 가치를 실현할 수 있는 방법을 쓰시오.
본인의 삶을 이끄는 가치는 무엇인지 쓰시오.
우리 조직과 관련된 최근 이슈와 본인의 견해를 쓰시오.
지원 직무와 관련된 전공 과목과 직무에 도움이 되는 이유를 쓰시오.
글로벌 마인드를 함양한 경험을 쓰시오.
학업 외에 수행한 대외 활동에 대해 쓰시오.

조직마다 표현은 다르지만 작성 항목은 성장 과정과 가치관, 지원 동기, 입사 후 포부, 문제 해결 경험, 성공과 실패 경험으로 묶어 낼 수 있습니다. 조직이 각 항목에서 읽어 내고자 하는 글의 주제는 무엇일까요? 본인이 지원한 직무 특성, 조직 특성에 맞는 경험을 사용하여 성과를 창출할 수 있는 역량을 가졌음을 보고자 합니다. 각 항목을 어떤 방식으로 작성하면 좋을지 알아봅니다.

성장 과정과 가치관

대학교 이전 경험을 소재로 사용합니다. 성장 과정에서 특별한 경험이 무엇인지 보려는 것이 아니라 해당 경험이 현재 어떤 가치관을 형성하게 만들었고, 그로 인해 조직에 어떻게 기여할지 알고자 함입니다.

지원 동기

단순히 왜 지원했는가가 아니라, 입사하기 위해 그동안 해 왔던 노력, 해당 산업에 대한 관심과 지식, 조직이 추구하는 가치와 본인이 어떻게 부합하는지, 업의 특성상 지원자가 가진 경험이 성과 창출에 얼마나 유용할지 보기 위한 항목입니다. 지원해서 열어 갈 미래를 제시하되 그를 위해 준비해 온 내용에 초점을 맞추어야 합니다.

입사 후 포부

입사한 뒤 조직에 어떻게 적응해 나갈지, 본인의 직무를 통해 어떻게 회사에 기여할지를 알고 싶은 항목입니다. 현실성 있는 성과 목표를 담아야 하며 목표를 이루기 위해 업무 능력 향상을 위한 자기 계발 계획도 포함해야 합니다. 현재 조직이 처한 문제점, 산업 특성에 대한 이해를 바탕으로 작성해야 담당자의 수긍을 이끌어 낼 수 있습니다.

문제 해결 경험

창의성, 문제 해결력, 적극성, 의사소통 능력을 보고자 하는 항목입니다. 거창한 경험이 아닌 아르바이트, 동아리 활동, 팀 프로젝트 경험도 좋은 소재가 될 수 있습니다. 지원 직무와 관련된 인턴 경험도 좋습니다. 흔한 문제지만 어떤 창의적인 해법과 협업 능력으로 문제를 해결했는지 써야 합니다. 해당 경험이 입사 후에 어떻게 적용 가능한지가 포함되어야 함을 잊지 말아야 합니다.

성공과 실패 경험

조직에서 일하다 보면 필연적으로 성공과 실패를 동시에 경험하게 됩니다. 성공 경험에서는 성공 요인과 성공에 안주하지 않고 어떻게 더 노력했는지, 실패했다면 나름의 실패 요인을 분석하고 극복

하기 위한 노력, 실패 뒤 깨달은 점으로 자신이 어떻게 더 발전했는지 써야 합니다.

내 경험에서 소재 찾는 법

 지금까지 자기소개서의 주제와 소재를 살펴본 결과, 자기소개서는 지원 조직이 속한 산업, 직무에서 내가 성과를 창출할 수 있음을 보여 주어야 하고, 그것을 어필하기 위한 소재로 나의 경험을 사용해야 함을 알았습니다. 이쯤에서 한결같이 하는 말이 있습니다. '나는 쓸 만한 경험이 별로 없다. 경험이 있더라도 너무 평범하다'입니다. 여기서 지원자가 할 수 있는 일은 두 가지입니다. 지금 써야 할 자기소개서라면 현재까지 가진 경험과 자기소개서 항목을 접목할 줄 알아야 하며 미래의 자기소개서를 위해서는 내가 부족한 경험이 무엇인지 알고 만들어 갈 계획을 세워야 합니다. 내 경험에서 소재를 찾는 방법은 가로축에 자기소개서 항목을, 세로축에는 세분화한 경험 분야를 쓰고 가로축 항목에 쓸 소재를 세로축에서 꺼내 작성해 보는 것입니다.

성장 과정에서 소재 찾기

	자기소개서 항목						
	문제 해결	지원 동기	가치관	입사 후 포부	성공과 실패	조직 적응	협업, 소통
가족 관계							
부모님 영향							
가치관							
여행							
취미 습관							
전환점							

대학 생활, 학업 과정에서 소재 찾기

	자기소개서 항목						
	문제 해결	지원 동기	가치관	입사 후 포부	성공과 실패	조직 적응	협업, 소통
전공 공부							
팀 프로젝트							
동아리							
학교 활동							
리더 경험							
논문 졸업 작품							

학교 외 활동에서 소재 찾기

	자기소개서 항목						
	문제 해결	지원 동기	가치관	입사 후 포부	성공과 실패	조직 적응	협업, 소통
아르바이트							
인턴							
봉사 활동							
교육 이수							
해외 연수							
대회 참가							

지원 기업 정보에서 소재 찾기

	자기소개서 항목						
	문제 해결	지원 동기	가치관	입사 후 포부	성공과 실패	조직 적응	협업, 소통
최신 뉴스							
신년사							
인재상							
경영 방침							
조직 문화							
직무 관련 경험							

4장   내용이 좋아도 읽혀야

선택받는다

쉽게 읽히는 문장 쓰기

단문 쓰기

모든 문장이 반드시 단문일 필요는 없습니다. 비교나 대조, 상세한 묘사와 설명을 위해서는 복문을 사용해야 할 경우도 있습니다. 그렇지만 특별한 의도가 없는 경우라면 단문을 쓸 때 독자는 문장을 읽기가 편해집니다.

[복문 사례]
인턴으로 일할 때 상사가 지시를 하기 위해 부르면 항상 수첩을 들고 가서 지시 사항을 받아 적었고 그로 인해 일 잘하는 인턴이라는 평가를 들을 수 있었습니다.

[두 문장으로 자른 결과]
인턴으로 일할 때 상사가 지시를 하기 위해 부르면 항상 수첩을 들고 가서 지시 사항을 받아 적었습니다. 그로 인해 일 잘하는 인턴이라는 평가를 들을 수 있었습니다.

접속사, 접속 부사 남발하지 않기

'그래서, 그리고, 그러나, 하지만, 곧, 또한, 즉'과 같은 접속사와 접속 부사는 문장과 문장 사이에서 순접, 역접, 전환, 추가, 설명하는 역할을 합니다. 앞뒤 의미상 반드시 필요한 경우에는 써 주어야 하겠지만 습관적으로 남발하면 글이 온통 접속사로 가득하여 읽는 이를 불편하게 하고 글 솜씨가 없는 사람이라는 인상을 줄 수 있습니다. 퇴고할 때 접속사를 빼도 말이 된다면 빼 주는 습관을 들이는 것이 좋습니다. 접속사 자리에는 대체할 만한 다른 단어를 넣어 의미가 자연스럽게 해 줍니다.

[접속사 남발 사례]
어릴 때부터 자동차에 관심이 많아서 자동차 공학과에 입학하였습니다. **하지만** 저학년 때는 실기보다 이론 위주의 강의가 많은 탓에 배우고 싶었던 자동차의 원리를 배울 수 없었습니다. **그래서** 자동차 조립 동아리에 가입하였습니다.

[접속사 제거 결과]
어릴 때부터 자동차에 관심이 많아 자동차 공학과에 입학하였습니다. 기대와는 달리 저학년 때는 이론 강의가 수업의 주를 이루었습니다. 실기를 빨리 접하고 싶은 마음에 자동차 조립 동아리에 가입하였습니다.

'의'와 '것' 빼기

글을 쓰다 보면 '의'와 '것'을 쓰지 않을 수는 없습니다. '의'는 일본어의 잔재로, '것'은 만능 대명사로 문장 쓰기를 편하게 만들기 때문입니다. 이렇듯 의식하지 않고 문장을 쓰다 보면 '의'와 '것'이 예상외로 많이 들어가 있음을 발견할 수 있습니다. 글 안에 특정 조사, 대명사가 많이 들어가 있으면 읽기 답답하므로 뺄 수 있을 때 빼 주는 습관을 들이면 좋습니다.

['의'와 '것' 남발 사례]
한국유업이 운영하는 프랜차이즈 커피 매장**의** 카페라떼 커피는 대학 시절, 시험 기간 내내 저와 함께한 친구 같은 **것**이었습니다. 그러다 한국유업**의** 채용 공고를 보게 되었습니다. 한국유업**의** 개선점을 찾기 위해 먼저 한 **것**은 시내에 있는 여러 매장을 방문해 보는 **것**이었습니다.

['의'와 '것' 제거 결과]
한국유업이 운영하는 프랜차이즈 커피 매장 카페라떼 커피는 대학 시절, 시험 기간 내내 저와 함께한 친구 같은 존재였습니다. 그러다 한국유업 채용 공고를 보게 되었고, 문제와 개선점을 찾기 위해 시내에 있는 여러 매장을 방문해 보았습니다.

부사, 수식어 적게 쓰기

'굉장히, 매우, 무척, 정말, 꽤, 모두, 빨리'와 같은 부사 또는 수식어는 의미를 강조할 때 써 주는 말입니다. 강조해 주는 말은 의미 그대로 반드시 강조할 때만 써 주는 습관을 들이고 그게 아니라면 생략해 문장을 간결하게 만들어야 합니다.

[부사, 수식어 남발 사례]
아르바이트 당시, 자료를 **좀 더** 효율적으로 처리하기 위해서는 **모든** 고객 관련 자료를 가급적 **빨리** DB화할 필요가 있음을 제안했습니다.

[부사, 수식어 제거 결과]
아르바이트 당시, 자료를 효율적으로 처리하기 위해 고객 관련 자료를 DB화할 필요가 있음을 제안했습니다.

불필요한 조사 제거하기

간결한 문장이란 단문으로서 짧은 문장만을 의미하지 않습니다. 불필요한 조사를 사용하지 않고 단순 명료하게 쓰는 것도 간결함의 중요 조건입니다. '을', '를', '은', '도'와 같은 조사도 뺄 수 있다면 빼서 문장을 단촐하게 해 주면 더 잘 읽힙니다.

[조사를 많이 사용한 사례]
평소**에** 자주 방문하는 ○○지점**을** 비롯**하여** 총 5개 지점**을** 직접 방문**하여** 서비스 실태**를** 확인**하여** 보았습니다.

[불필요한 조사를 빼 준 결과]
평소 자주 방문하는 ○○지점 포함, 총 5개 지점을 직접 방문해 서비스 실태를 확인했습니다.

한 문장에 동일 단어 반복하여 쓰지 않기

하나의 문장 안에 같은 단어가 여러 번 나오면 글이 지루해집니다. 특정 단어를 앞에서 한번 사용하였다면 같은 문장 내에서는 다시 등장하지 않게 만드는 것이 좋습니다.

[한 문장에 동일 단어가 등장한 사례]
네팔 **봉사단**에서 일할 때였습니다. **봉사단** 내에서는 **소통**이 무엇보다 중요한데, **봉사단**과 지역 주민 사이의 **소통** 업무를 맡아 원활한 **소통**이 되도록 기여하였습니다.

[동일 단어가 중복되지 않게 해 준 결과]

　네팔 봉사단에서 일할 때였습니다. 봉사 중에는 소통이 무엇보다 중요한데, 제가 중간 매개자 역할을 맡아 활동이 원활히 진행될 수 있도록 기여하였습니다.

5장 실전 자기소개서 쓰기

개요 짜기와 글쓰기

지금까지 살펴본 자기소개서 작성법을 적용하여 ○○식품회사 지원 동기 항목의 자기소개서 작성하는 과정을 따라가 봅니다.

맨 처음 할 일은 주제와 소재 도출하기입니다.

주제 : 지원 동기이므로 본인이 그동안 이 회사에 얼마나 관심을 가져 왔으며, 전공 공부와 준비한 노력이 지원 회사와 어떤 관련이 있는지 써 주도록 합니다.

소재 : 성장 과정, 대학 생활과 학업 과정, 학교 외 활동, 지원 기업 정보 4개 분야에서 지원 동기와 관련된 소재를 찾아봅니다.

성장 과정	대학 생활 학업 과정	학교 외 활동	지원 기업 정보
가족 관계	**전공 공부**	아르바이트	**최신 뉴스**
부모님 영향	팀 프로젝트	**인턴 경험**	신년사
가치관	동아리	봉사 활동	인재상
여행	학교 활동	교육 이수	경영 방침
취미 습관	리더 경험	해외 연수	조직 문화
전환점	논문 졸업 작품	대회 참가	직무 관련 경험

대학 생활, 학업 과정에서는 전공 공부를, 학교 외 활동에서는 인턴 경험을, 지원 기업 정보에서는 최신 뉴스를 소재로 삼아 지원 동기를 작성하기로 했습니다.

그런 다음 앞에서 언급했던 자기소개서의 구조를 활용하여 간단한 개요표를 만든 후 간결한 문장으로 표현합니다.

[개요표]

구조	소재	핵심 메시지
결론 - 역량과 경험	전공 공부, 인턴 경험, 최신 뉴스	지원 동기 요약 - CSV, 전공 부합
근거 - 경험 상세 서술		뉴스 기사 언급, 인턴 활동 서술
제안 - 역량으로 조직에 기여할 점		전공 지식으로 성장과 평판에 기여

[실전 자기소개서 쓰기 - 지원 동기]

CSV를 실현하는 회사에서 농업 상품 기획 전문가가 되겠습니다.

CSV를 모범적으로 실현하는 기업에서 식품공학 전공을 살려 조직 성과 창출에 기여하고 직무 만족도 얻는 두 마리 토끼를 잡고자 지원하게 되었습니다.

신문에서 읽은 CSV 현장과 전공을 살린 인턴 경험

올해 6월, 신문에서 ○○식품이 농가 상생 프로그램 '함께 맞는 비'를 진행하는 뉴스를 접했습니다. 어린 시절부터 ○○식품의 제품을 사용하면서 품질이 좋고 사업 안정성, 성장성이 좋다는 점은 알고 있었지만, 사회적 책임 의식이 강하다는 점은 처음 알았습니다. 직원들의 자부심이 큰 이유가 바로 그 때문이라는 것을 새롭게 깨달았습니다. 사업 성장성과 윤리성이 함께 존재하는 기업에서 일하고 싶다는 생각이 들게 하는 부분이었습니다.

4학년 여름 방학을 이용하여 ○○농업기술센터에서 인턴으로 일하면서 농업 상품 기획을 했습니다. 식품공학이라는 전공을 활용할 수 있는 좋은 기회였습니다. 대추를 이용한 상품 기획 분야였는데 1차 상품인 생대추, 마른 대추를 판매용으로 기획하고 SNS 마케팅까지 추진했습니다. 이어서 2차 상품인 대추 혼합즙의 포장 용기를 만드는 데 참여 하였습니다. 상품을 발굴하고 기획하고 유통하는 과정까지 전 프로세스를 경험하면서 식품 산업에 대한 매력에 푹 빠졌습니다. ○○식품에서 일하게 된다면 전공과 꼭 부합해 직무 만족도가 높을 거라는 생각도 들었습니다.

식품공학 전공을 살리고 고객과 농민을 모두 만족시키는 전문가
○○식품에 입사하여 고객 니즈를 부합시키고 CSV 가치 실현을 할 수 있는 농업 상품을 기획하고자 합니다. 이를 바탕으로 회사의 성장성은 물론 사회적 평판에도 기여하는 직원이 되겠습니다.

6장

기업 정보
찾는
법

아무리 훌륭한 조건을 갖추었더라도 조직이 원하는 역량이 아니라면 채용하지 않을 것입니다. 자기소개서는 내가 지원하는 기업에 단순히 나의 스펙과 경험을 알리는 목적이 아닙니다. 내가 갖춘 조건이라면 지원 기업이 추구하는 가치에 부합하고 현재 처한 문제를 해결할 수 있음을 보여 줄 수 있어야 합니다. 그러기 위해서는 평소 내가 지원하고 싶은 기업과 산업 정보를 수집하고 분석해 두어야 합니다. 그럼 정보는 어디에 있을까요?

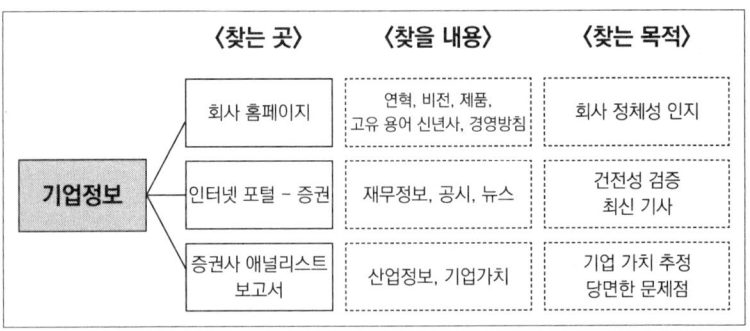

상장되어 있는 기업을 기준으로 정보는 회사 홈페이지, 인터넷 포털 증권란, 증권사에서 작성한 애널리스트 보고서에서 구할 수 있습니다. 상장되어 있지 않은 기업은 홈페이지, 신문 기사 검색, 취업 카페에 올라온 정보에 의존할 수밖에 없고 공기업의 경우 최신 기사와 더불어 공기업이 자체적으로 작성한 보도 자료, 공기업 평가 기관에서 작성한 보고서를 보면 정보를 얻는 데 도움이 됩니다.

홈페이지

홈페이지에서 회사가 추구하는 가치와 제품, 서비스 정보를 얻는다

우리나라 대표 식품 기업인 풀무원을 사례로 들어 보겠습니다.

풀무원 홈페이지 www.pulmuone.co.kr에 들어가면 다음과 같은 화면이 나옵니다.

Pulmuone	회사소개	사회책임경영	바른먹거리&로하스	뉴스룸
	총괄CEO인사말	개요	로하스	풀무원뉴스
	CI소개	추진전략	로하스식품	ESG경영
	연혁	활동 및 실적	바른먹거리 원칙	멀티미디어
	가치체계	수상	바른먹거리 캠페인	자료&공지
	사업소개		풀무원 지구식단	
	동반성장		환경을 생각한 포장	
	기업지배구조			
	투자정보			

https://www.pulmuone.co.kr/pulmuone/main/Index.do

페이지에서 가장 중요한 정보는 CEO 인사말과 가치 체계에 있습니다. 이곳에는 해당 기업이 추구하는 가치와 나아갈 방향이 담겨 있습니다. 어떤 인재를 찾을까요? 가치를 함께하고 같은 방향으로 나아갈 사람, 가치 추구를 위해 알맞은 역량을 보태 줄 사람을 찾습니다. 풀무원 홈페이지 CEO 인사말과 가치 체계에는 미션과 비전이 명시되어 있습니다. 미션은 기업이 존재하는 이유로 풀무원은 '바른 먹거리로 사람과 지구의 건강한 내일을 만들기 위해 존재한다'고 말합니다. 비전은 미션을 위해 단기 또는 중기적으로 달성해야 할 목표입니다. 해당 기업은 이러한 중·단기 목표에 힘을 기울이고 있음을 알려 주는 내용입니다. 그렇다면 자기소개서에는 내가 그 목표에 힘을 보탤 수 있는 능력과 경험을 갖추었음을 보여 주어야 합니다. 풀무원의 비전은 단기적으로 다음의 다섯 가지라고 홈페이지에 표시되어 있습니다.

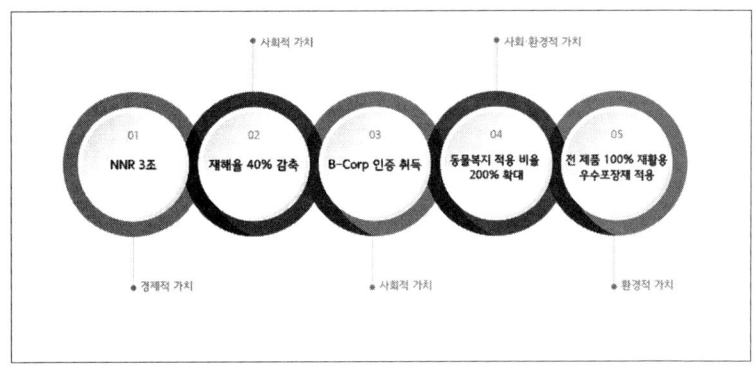

https://www.pulmuone.co.kr/pulmuone/company/viewValue.do

홈페이지에서 기업이 추구하는 가치를 확인했다면 자기소개서에도 반드시 언급해야 합니다. 언급 자체로도 묻지마 지원이 아닌 진정성을 보여 주는 효과가 있습니다. 여기에 더해 미션과 비전 달성을 위해 내가 가진 역량이 도움이 될 수 있음을 경험을 근거로 들며 주장한다면 합격은 가까워질 것입니다. 이 외에도 홈페이지에서는 기업의 사업 분야, 제품 정보, 최신 뉴스를 접할 수 있습니다. 자기소개서는 가급적 해당 기업의 최근 정보와 내밀한 정보를 담아야 읽는 사람에게 친근함과 신뢰성을 줄 수 있습니다.

인터넷 포털

인터넷 포털 증권란에서 경쟁사 정보까지 얻는다

포털 중에 네이버를 사례로 들어 보겠습니다. 네이버 첫 화면에 가면 다음과 같이 증권란이 있습니다.

https://www.naver.com/

클릭하고 검색창에 풀무원이라고 치면 주식 정보를 볼 수 있습니다.

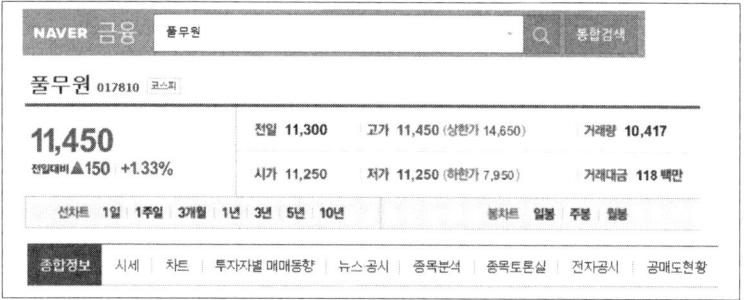

https://finance.naver.com/item/main.naver?code=017810

　여기서 중요한 정보는 하단의 종합 정보, 뉴스 공시에 있습니다. 먼저 종합 정보를 클릭합니다. 다음과 같이 기업의 연도별 매출액, 이익, 재무 현황을 알 수 있는 것은 물론 어디가 경쟁 기업인지, 경쟁 기업의 재무 상황은 어떤지도 알 수 있습니다.

[기업 재무 현황]

기업실적분석

주요재무정보	최근 연간 실적				최근 분기 실적					
	2019.12	2020.12	2021.12	2022.12(E)	2021.06	2021.09	2021.12	2022.03	2022.06	2022.09(E)
	IFRS 연결	IFRS 연결	IFRS 연결	IFRS 연결	IFRS 연결	IFRS 연결	IFRS 연결	IFRS 연결	IFRS 연결	IFRS 연결
매출액(억원)	23,815	23,112	25,189	28,694	6,351	6,615	6,417	6,506	7,059	7,956
영업이익(억원)	306	460	385	516	92	195	24	61	157	252
당기순이익(억원)	-75	118	3	185	14	87	-206	-4	44	175
영업이익률(%)	1.28	1.99	1.53	1.80	1.45	2.95	0.37	0.94	2.23	3.16
순이익률(%)	-0.32	0.51	0.01	0.65	0.21	1.32	-3.21	-0.06	0.63	2.20
ROE(%)	0.95	3.84	2.91	6.34	4.12	4.43	2.91	1.11	1.96	
부채비율(%)	220.57	230.17	233.91		244.74	225.52	233.91	237.76	232.02	
당좌비율(%)	56.48	47.39	53.39		66.11	51.63	53.39	55.05	51.26	
유보율(%)	1,438.84	1,513.14	1,563.56		1,541.66	1,591.77	1,563.56	1,539.72	1,563.40	

https://finance.naver.com/item/main.naver?code=017810

[경쟁 기업 현황]

동일업종비교 (업종명: 식품 | 재무정보: 2022.06 분기 기준)

종목명(종목코드)	풀무원* 017810	CJ제일제당* 097950	롯데지주* 004990	오리온* 271560	동서* 026960
현재가	11,400	405,500	38,200	101,500	20,700
전일대비	▲100	▲3,500	▼700	0	▲500
등락률	+0.88%	+0.87%	-1.80%	0.00%	+2.48%
시가총액(억)	4,345	61,044	40,075	40,129	20,637
외국인취득률(%)	0.58	24.45	9.63	35.95	3.12
매출액(억)	7,059	75,166	36,541	6,274	1,501
영업이익(억)	157	5,043	1,749	897	106
조정영업이익	157	5,043	1,749	897	106
영업이익증가율(%)	157.70	15.75	63.61	-17.38	-9.34
당기순이익(억)	44	2,527	1,690	709	299

https://finance.naver.com/item/main.naver?code=017810

경쟁 기업 현황에서 풀무원의 경쟁 기업은 CJ제일제당, 동서식품 등임을 알 수 있습니다. 여기서는 경쟁 기업이 어디인지 확인하는 데만 그치지 말고 경쟁사에 비해 내가 지원하는 기업의 영업 이익률이 높은지 낮은지, 낮다면 내가 어떤 식으로 기여할 수 있을지도 고민해 보아야 합니다.

이어서 뉴스 공시를 클릭하면 최근 풀무원 관련 뉴스를 모든 언론사별로 볼 수 있습니다.

[뉴스 공시에서 확인할 수 있는 언론사별 풀무원 관련 뉴스]

[신상품라운지]풀무원, '우리동네 떡볶이' 2종 출시	머니투데이
└ 풀무원, 추억의 맛 그대로 담은 '우리동네 떡볶이' 출시	이데일리
[신상품라운지]풀무원, '해물·김치 생 수제비' 출시	머니투데이
풀무원녹즙, 세 번째 융복합 건강기능식품 '아이러브 엑스투' 출시	헤럴드경제
└ [신상품라운지]풀무원녹즙, 융복합 건기식 '아이러브 엑스투' 출시 관련뉴스 1건 더보기 ↓	머니투데이
[신상품라운지]풀무원, '한식가락우동' 출시	머니투데이
└ 생면 시장 1등 풀무원, 겨울면 메뉴 리뉴얼로 매출 경신 노린다	헤럴드경제
[신상품라운지]풀무원녹즙, '진한 흑도라지·수세미' 출시	머니투데이
풀무원 디자인밀, 대한암협회와 암환자용 식품 공동개발	파이낸셜뉴스

https://finance.naver.com/item/news.naver?code=017810

자기소개서를 제출하기에 앞서 가장 최근 뉴스를 확인하고 해당 내용과 문제 해결 방법을 담아 작성한다면 한층 신뢰감을 줄 수 있을 것입니다.

증권사 보고서

애널리스트 보고서라고도 하는 증권사 보고서에는 홈페이지와 인터넷 포털보다 더 상세한 기업과 해당 산업 정보를 담고 있습니다. 증권사 보고서의 발행 목적이 기업의 목표 주가를 예상하고 근거를 제시하는 것이므로 방대하고도 자세할 수밖에 없습니다. 한경 컨센서스 홈페이지에 가면 모든 증권사 보고서를 한꺼번에 볼 수 있습니다.

[한경 컨센서스 홈페이지]

http://hkconsensus.hankyung.com/

[증권사에서 발행한 풀무원 관련 보고서]

풀무원(017810) 1Q22 영업이익 53억원 전망	김정욱	메리츠증권
풀무원(017810) 해외 식품 부문의 비용 부담완화를 기다리며	김정욱	메리츠증권
풀무원(017810) 단기 실적은 부진해도 두부의 세계화는 이어진다	한유정	대신증권
풀무원(017810) 구조적 개선 과도기	심지현	이베스트증권
풀무원(017810) 다시 주어지는 매수 기회	한유정	대신증권
풀무원(017810) 2분기도 아쉬운 하회 예상	한유정	대신증권
풀무원(017810) 국내외 식품이 받쳐주고, 외식/급식이 견인할 실...	김정욱	메리츠증권
풀무원(017810) 아쉬운 물류비 부담	한유정	대신증권
풀무원(017810) 가공식품 호조 속, 아쉬운 거리두기 영향	장지혜	카카오페이증권
풀무원(017810) 세계로 뻗어가는 바른 먹거리	한유정	대신증권

http://hkconsensus.hankyung.com/apps.analysis/analysis.list?sdate

    보고서는 PDF로 다운받을 수 있으며 보고서 안에는 풀무원의 매출 증가, 감소의 원인, 향후 전망뿐만 아니라 동종 업계 소식, 식품 산업 전반에 대한 이슈까지도 담겨 있습니다.

    취업을 희망하고 취업 후에도 성과를 창출하고 싶다면 여러 산업군에 묻지마 식으로 지원하기 보다 식품 산업, 기계 산업, 금융업 등 하나의 산업을 정하고 정보를 꾸준히 쌓아 가는 것도 좋은 방법이 될 것입니다.

에필로그

자기소개서 쓰기 강의 후 보내오는 취업 준비생들의 글을 첨삭할 때 발견하는 공통점은 '스펙은 부족하지 않은데 바르게 전달할 줄을 모른다'입니다. 화려한 스펙, 다양한 경험을 글 뒤편에 숨겨 놓는 경우가 많고 그마저도 답답한 문장이 읽고자 하는 마음을 방해하고 맙니다. 소통을 망치는 원인 중 하나는 자기중심적 메시지 전달입니다. 내가 중요하다고 생각하는 내용부터 말하고, 내가 겪은 시간 순서로 말하고, '이렇게 말해도 알아듣겠지' 하고 압축, 생략하고 말합니다. 소통에 성공하려면 철저히 상대방 입장에 서야 합니다. 글로 하는 소통에서 상대방은 독자입니다. 자기소개서를 읽는 채용 담당자의 입장이란 무엇일까요? 우리 조직이 원하는 능력을 가졌는지, 입사 후 바로 성과를 낼 수 있는지 가려내 면접 후보를 선택해야 하는 입장입니다. 또한 정해진 시간 내에 수많은 지원자를 다 검토해야 하는 입장입니다. 이런 입장이라면 어떤 자기소개서를 읽고 선택할까요? 읽고 싶은 자기소개서, 읽히는 자기소개서입니다.

읽고 싶은 자기소개서 쓰는 방법

-채용 담당자가 원하는 내용을 제목에 담기
-해당 자기소개서 항목의 핵심 메시지를 첫 문장 또는 첫 단락에 담기
-주제, 근거, 기여 방법 세 단락으로 쓰고 단락별 소제목 붙여 주기
-요구하는 역량과 역량을 발휘했던 경험을 소재로 사용하기

읽히는 자기소개서 쓰는 방법

-복문보다는 단문 쓰기
-조사, 부사, 수식어 제거하여 간결한 문장 쓰기
-동어 반복을 피해 지루하지 않게 쓰기

자기소개서는 열심히 준비한 내용으로 나를 브랜딩하는 과정입니다. 채용 담당자가 원하는 인재로 브랜딩하고 그것을 읽게 만들 수 있다면 선택받기가 한결 수월할 것입니다.

여러분의 합격을 기원합니다.

실전!
자기소개서 연습하기